WAS WIRD AUS UNSERER WELT?

Schwarzkopf & Schwarzkopf

Jürgen Kuczynski

WAS WIRD AUS UNSERER WELT?

Betrachtungen eines Wirtschaftswissenschaftlers

Schwarzkopf & Schwarzkopf

Jürgen Kuczynski ist ein Weltbürger. Und er hat ein Jahrhundert besichtigt. 1904 geboren, studiert er in Erlangen, Berlin und Heidelberg Philosophie, Statistik und Politökonomie. 1926 reist J.K. als Forschungsstudent in die USA, kehrt 1929 nach Deutschland zurück und tritt 1930 in die KPD ein. 1936 geht er ins Exil nach England.

Nach 1945 profiliert er sich als international bekannter Geistes- und Sozialwissenschaftler. Als »linientreuer Dissident« pendelt J.K. in der DDR ständig zwischen Gnade und Ungnade, zwischen Ulbricht und Honecker einerseits und der Anwartschaft auf den Nobelpreis andererseits.

Der geistige Schwerstarbeiter kann mehr als 4.000 Veröffentlichungen aufweisen, darunter die mehrbändige »Geschichte der Lage der Arbeiter im Kapitalismus«, »Studien zu einer Geschichte der Gesellschaftswissenschaften«, »Geschichte des Alltags des deutschen Volkes«, »Kurze Bilanz eines langen Lebens«, »Frost nach dem Tauwetter« und »Dialog mit meinem Urenkel«.

Zuletzt erschienen von Jürgen Kuczynski bei Schwarzkopf & Schwarzkopf »Fortgesetzter Dialog mit meinem Urenkel – 50 Fragen an einen unverbesserlichen Urgroßvater«, die Neuausgabe »Dialog mit meinem Urenkel – Erstausgabe der unzensierten und ungekürzten Originalfassung«.

Im Herbst 1997 erscheint das Buch »Freunde und gute Bekannte«, in dem Jürgen Kuczynski ausführlich über seine Begegnungen mit den berühmten Menschen dieses Jahrhunderts erzählt.

Jürgen Kuczynski: Was wird aus unserer Welt?
Betrachtungen eines Wirtschaftswissenschaftlers
Schwarzkopf & Schwarzkopf Verlag
ISBN 3-89602-137-0
Titelfoto: Ingolf Seidel

INHALT

Vorbemerkung

In meinem letzten, 1996 veröffentlichten Buch »Fortgesetzter Dialog mit meinem Urenkel« hatte ich erklärt, daß ich mit 92 Jahren keine Bücher mehr schreiben, nur noch als Journalist tätig sein würde. Ich hatte dabei eine Möglichkeit übersehen: Einige mir wichtige Gedanken aus Artikeln etwas ausführlicher in einer kleinen Broschüre darzustellen.

Wie Wissenschaftler gerade in den letzten 150 Jahren gezeigt haben, können auch Broschüren nützlich, ja wichtig sein.

Und in einer Zeit, in der so viele Menschen an dieser Welt und ihrem eigenen Schicksal in ihr – und mit so viel Recht! – zweifeln, ja verzweifeln, schien es mir wirklich wichtig, eine Broschüre zu dem Thema »Was wird aus unserer Welt?« vom Standpunkt des Wirtschaftswissenschaftlers zu schreiben.

Und noch ein Argument: So viele sogenannte Experten begreifen nicht, was heute in der Welt, insbesondere der Welt der Wirtschaft, vor sich geht. Dafür als Beweis der folgende kurze Artikel, den ich für meine Dienstags-Kolumne in der »jungen Welt« geschrieben hatte:

»Primitive Wahrheiten: Die IG-Metall und andere Gewerkschaften ebenso wie eine Anzahl Wirtschaftsexperten fordern die Einführung der 32-Stunden-Woche im Kampf gegen die Arbeitslosigkeit. Eine sinnlose Forderung. Weil die 32-Stunden-Woche ebensowenig wie die 20-Stunden-Woche irgend etwas im Kampf gegen die Arbeitslosigkeit bedeuten kann, wenn es nicht zugleich einen vollen Lohn- und Gehaltsausgleich gibt. Gibt es den nicht, dann sinkt die Kaufkraft der Bevölkerung, dann sinkt die Produktion und dann steigt die Arbeitslosigkeit auch bei einer 20-Stunden-Woche.

In einem Protokoll einer PDS-Gruppierung lese ich: ›Ein weiterer Anstieg der Massenarbeitslosigkeit kann erst gebremst werden, wenn das Wirtschaftswachstum um mindestens 3 % gesteigert wird.‹ Was für ein primitiver Unsinn! Die Arbeitslosigkeit kann sehr wohl bei einer Steigerung der Produktion um nur 1 % sinken, oder umgekehrt bei einer Produktionserhöhung um 10 % steigen. Worauf es ankommt, das ist das Verhältnis von Produktion und Produktivität. Steigt die Produktion wie von 1790 bis 1990 im allgemeinen schneller als die Produktivität, dann werden im Laufe der Zeit immer mehr Menschen beschäftigt. Steigt die Produktivität schneller als die Produktion, wie Jahr für Jahr seit 1991, dann steigt die Arbeitslosigkeit von Jahr zu Jahr, ganz gleich wie sich die Produktion entwickelt.

Ach wie zwar richtig, aber doch wie primitiv würde dieser Artikel den großen Ökonomen Adam Smith oder David Ricardo, Karl Marx oder Friedrich Engels erscheinen! Ich aber kann nur hoffen, daß er in unserer Zeit hilfloser Unwissenheit in den Gewerkschafts- und den Parteiführungen der Linken in Deutschland wie eine kleine Bombe einschlägt und einige Folgen hat.«

Jürgen Kuczynski
Parkstr. 94
13086 Berlin

DREI EPOCHEN DES KAPITALISMUS

Erste Epoche

Wenn wir von der kurzfristigen Erscheinung des Kapitalismus in Norditalien um 1400 und den ersten 250 Jahren (1550-1800) des Kapitalismus in England absehen, dann beginnt seine allgemeine Geschichte – zuerst auf dem europäischen Kontinent – mit der Ausbreitung der Industriellen Revolution zu Beginn des 19. Jahrhunderts. Die Industrielle Revolution schuf das Proletariat, das Fabrikproletariat, im modernen Sinne. Sie leitete zugleich eine nicht unbeachtliche Steigerung der Produktivität in der Industrie ein. Und doch, trotz der soeben erwähnten schnelleren Entwicklung der Produktivität, müssen wir diese Periode vom Anfang bis zur Mitte des 19. Jahrhunderts als die Epoche der *extensiven Entwicklung des Kapitalismus* charakterisieren. Warum?

Weil die ständige Verlängerung der Arbeitszeit und die ständige Senkung der Reallöhne das Charakteristische und der grundlegende Unterschied zur (in England) vorangehenden und zur folgenden Epoche des Kapitalismus sind.

In den drei wichtigsten kapitalistischen Ländern Europas entwickelten sich die Reallöhne in diesem Halbjahrhundert, soweit wir Daten vorliegen haben, (1900 =100) so:*

**) Vgl. J. Kuczynski, Die Geschichte der Lage der Arbeiter unter dem Kapitalismus, Bd. 37. Berlin 1967, S. 111*

Entwicklung der Reallöhne
(1900 =100)

Jahre	England	Jahre	Frankreich	Jahre	Deutschland
1789/98	58		–		–
1799/1808	50	1805/1814	74		–
1809/1818	43	1815/1824	65		–
1819/1828	47	1824/1833	66	1820/1829	86
1827/1837	50	1833/1839	64	1830/1839	82
1838/1849	52	1840/1851	59	1840/1849	75

In allen drei Ländern wurden während dieser Epoche in der Tendenz die Reallöhne gegenüber dem Beginn des Jahrhunderts (soweit wir die zurückverfolgen können) gesenkt.

Und nun zur Verlängerung des Arbeitstages in dieser Zeit. Er wurde auf zweierlei Weise verlängert. Einmal indem einfach mehr Stunden Arbeit verlangt wurden. Also statt etwa 12 Stunden pro Tag, wie es zu Beginn des Jahrhunderts üblich war, am Ende der hier betrachteten Zeit 14, 15 und noch mehr Stunden. Und das gilt für Männer wie für Frauen. Sodann gibt es noch eine andere Art, den Arbeitstag zu verlängern. Ein englischer Arzt hat diese Art der Arbeitszeitverlängerung sehr genau geschildert*: »Ganz allmählich wurden die Pausen verkürzt. Früher hatte man eine Stunde für die Hauptmahlzeit, aber ein großer Produzent, der durch Aufträge unter Druck gesetzt war, wünschte, daß seine Arbeiter 5 Minuten früher an die Arbeit zurückgingen. Diese Verkürzung der Pause wurde sogleich von anderen Betrieben übernommen. 5 Minuten führten zu 10 Minuten. Man fand auch, daß das Frühstück und das Getränk am Nachmittag während der Arbeit zu sich genommen werden konnten. So wurde Zeit gespart und mehr Arbeit geleistet.« Dazu kommt die Verlängerung der Arbeitswoche, bis der Sonntag vielfach zu einem normalen Arbeitstag wurde.

Wir haben keine allgemeinen Statistiken der Arbeitsleistung. Aber es ist offenbar, daß diese trotz zahlreicher neuer, den Produktionsprozeß an sich beschleunigender Erfindungen unter der Verlängerung des Arbeitstages und der Arbeitswoche schwer leiden mußte. Von manchen Industrien, wie etwa dem deutschen Kohlenbergbau oder der preußischen Eisenindustrie, wis-

*) *Vgl. ebendort, Bd. 23, Berlin 1964, S. 138*

sen wir, daß die Produktivität in dieser Zeit überhaupt nicht gestiegen ist.*

Arbeitsleistung im deutschen Kohlenbergbau
1900 = 100

Jahre	Index
1797/1806	50
1807/1816	43
1817/1826	44
1827/1836	47
1837/1846	45
1847/1850	46

Arbeitsleistung in der preußischen Eisenindustrie

Zyklus	Zollztr.
1837/43	538
1844/52	467
1844/52**	520

*) *Ebendort, Bd. 37, S. 106, und Bd. 1, Berlin, S. 296*
**) *unter Ausschluß der 2 Hungerjahre 1845 und 1846*

Wir sehen, es gibt ganze Industriezweige, in denen die industrielle Revolution mit allen ihren Erfindungen keine Rolle gespielt hat, während sie in anderen natürlich schnell voranschritt.

Das heißt natürlich nicht, daß Industrie und Bergbau nicht als Ganze eine außerordentliche Entwicklung genommen haben. Nach meinen groben Schätzungen war die Entwicklung in Deutschland die folgende*:

Beschäftigung in Bergbau und Industrie

Jahr	Industrie	Bergbau
1800	50 000**	25 000**
1816	100 000**	50 000**
1832	250 000	75 000
1848	600 000	100 000

Das heißt, Deutschland erlebt in diesem Halbjahrhundert eine enorme Steigerung seiner industriellen Aktivität, Deutschland wird zu einem Land mit einer bedeutenden Industrie. Aber wie? In erster Linie durch extensive Entwicklung von Industrie und Bergbau. Die Intensivierung der Produktion durch Steigerung der Produktion pro Stunde mittels neuer Erfindungen oder

*) *Ebendort, Bd. 1, S. 222*
**) *Maximalzahlen*

besserer Organisation spielt noch nicht die entscheidende Rolle. Entscheidend ist die Verlängerung der Arbeitszeit nicht nur pro Tag, sondern auch pro Woche und die Einstellung von mehr Arbeitern, wobei unter diesen der Anteil von Frauen und Jugendlichen, ja auch von Kindern ständig wächst. Es ist eine Epoche noch recht primitiven Wachstums des Kapitalismus, noch primitiver Ausbeutung der Arbeiter.

Natürlich steigen in dieser Epoche die Profite sehr beachtlich, während sich die absolute wie die relative Lage der Arbeiter außerordentlich verschlechtert. Die Reichen werden immer reicher, die Armen werden immer ärmer. Die gesamtwirtschaftliche Leistung steigt enorm, während die Leistung pro Stunde (nicht pro Woche) bisweilen eher eine Tendenz zur Senkung hat – in der Industriellen Revolution! Eine erstaunliche Entwicklung des Kapitalismus in seiner ersten Epoche, die in seiner ganzen Erstaunlichkeit kaum begriffen worden ist – während ihrer Zeit und auch heute noch.

*

All dies gilt nicht für die Vereinigten Staaten von Amerika. Dort herrscht nicht einfach der Kapitalismus in dieser Epoche, sondern im Süden die Sklavenhalterwirtschaft, über deren Entwicklung, getrennt oder vereint mit der kapitalistischen Wirtschaft im Norden, wir keine zuverlässigen Statistiken haben. Wir haben zuverlässige Statistiken weder über die industrielle Produktion – getrennt oder vereint für Süden und Norden – noch für die Länge der Arbeitszeit, noch für die Arbeitsleistung.

Was die freien Industriearbeiter betrifft, so war die Entwicklung in einer Beziehung ganz verschieden von der im kapitalistischen Europa: Die Reallöhne stiegen während des hier betrachteten Halbjahrhunderts. Sie entwickelten sich für freie Industriearbeiter (nicht für Sklaven) wie folgt*:

Reallöhne vollbeschäftigter Arbeiter
1900 = 100

Jahr	Index
1801-1810	50
1811-1820	52
1821-1826	65
1827-1834	74
1835-1842	71
1843-1848	86

Die Reallöhne sind also, im Gegensatz zu Europa, in der hier betrachteten Zeit für die freien Arbeiter sehr beachtlich gestiegen.

Die Gestaltung der Länge des Arbeitstages glich dagegen der in Europa, er wurde von Jahrzehnt zu Jahrzehnt länger. Trotzdem stieg die Produktivität sehr beachtlich – man denke an die beachtlich gestiegenen Reallöhne!**

**) Vgl. ebendort, Bd. 29, Berlin 1966, S. 150*
***) Vgl. ebendort, S. 156*

Arbeitsleistung in Industrie und Bergbau
1900 = 100

Wirtschaftszyklus	Index
1827-1834	15
1835-1842	22
1843-1848	34

Das heißt, wir müssen die Vereinigten Staaten aus der Epoche der extensiven Entwicklung des Kapitalismus ausschließen – in dieser Beziehung waren sie wesentlich fortschrittlicher als Europa. Andererseits hinkten sie um Jahrtausende hinter Europa mit ihrer Sklavenwirtschaft hinterher. Eine völlig verrückte Situation!

ZWEITE EPOCHE

Die zweite Epoche, die von der Mitte des 19. Jahrhunderts bis an das Ende der achtziger Jahre im 20. Jahrhundert, also fast 150 Jahre, andauert, ist durch die *intensive Entwicklung des Kapitalismus* charakterisiert. Warum?

Weil Profite und Produktivität sich erhöhen, weil trotz weiter steigender Ausbeutung der Arbeiter und Angestellten sich deren Lage in vielfacher Beziehung verbessert. Die Reallöhne und Realgehälter steigen, und die Arbeitszeit wird kürzer. Dazu kommt im Laufe der Zeit der Ausbau eines Sozialsystems. Jedoch geht dieser Prozeß nicht gleichmäßig vor sich. Wir müssen drei Perioden der Entwicklung unterscheiden.

Erste Periode

Die erste Periode beginnt um 1850 und endet um 1900. Betrachten wir zunächst die Entwicklung der Reallöhne. Sie betrugen (1900 = 100) in Wirtschaftszyklen*:

*) *J. Kuczynski, a.a.O., Bd. 37, S. 111*

Entwicklung der Reallöhne.
(1900 = 100)

Zyklen	England	Zyklen	Frankreich	Zyklen	Deutschland	Zyklen	USA
1838/1849	52	1840/1851	59	1840/1849	75	1843/1848	86
1849/58	57	1852/58	55	1850/59	69	1849/58	86
1859/68	63	1859/68	66	1860/66	75	1859/67	77 *
1869/79	74	1868/78	76	1867/75	76	1868/78	86
1880/86	80	1879/86	82	1876/86	83	1878/85	89
1887/95	91	1887/95	89	1887/93	92	1885/97	99
1895/1903	99	1895/1903	97	1893/1902	97	1897/1908	102

*) *Jahre des Bürgerkrieges (1860/64)*

In England setzt die Periode steigender Reallöhne um die Mitte des Jahrhunderts ein, in Frankreich und Deutschland erst in den sechziger Jahren, in den USA, die kein Halbjahrhundert sinkender Reallöhne hinter sich hatten, war die Entwicklung recht unregelmäßig, aber selbstverständlich erreichten auch dort die Reallöhne am Ende des Jahrhunderts einen Höhepunkt.

Die Arbeitszeit entwickelte sich in den führenden Ländern des Kapitals etwa so*:

Jahr	**Stunden**
1850/59	82
1860/69	79
1870/79	74
1880/89	70
1890/99	65

Während die Reallöhne beachtlich stiegen, ging die Zahl der pro Woche gearbeiteten Stunden beachtlich zurück.

Eine Statistik der Arbeitslosigkeit besitzen wir für die Zeit nur für England. Sie betrug in Wirtschaftszyklen (Prozent)**:

1849-1858	5,4	1880-1886	5,9
1859-1868	4,9	1887-1895	5,2
1869-1879	4,1	1895-1903	3,5

Im Ganzen können wir keine besonderen Veränderungen in diesem Halbjahrhundert beobachten.

**) Ebendort, S. 97*

***) Ebendort, S. 101*

Wie entwickelte sich nun in dieser Zeit die Arbeitsleistung? Für die Industrie (ausschließlich Bergbau), also für die Fertigwarenindustrie, können wir auf Grund der Statistiken für Deutschland, England und die USA folgende Daten berechnen*):

Entwicklung der Arbeitsleistung
1900 = 100

Jahre	Index	Steigerung (Prozent)
1840-1849	40	–
1850-1859	45	10
1860-1869	55	20
1870-1879	70	30
1880-1889	80	15
1890-1899	90	10

Die Zahlen sind ganz grob und entsprechend von mir abgerundet. Aber sie sind ganz eindeutig in ihrer Bewegung.

Die Steigerung von 1840/49 bis 1850/59 scheint recht gering. In den USA, das einzige Land, für das wir annähernde Berechnungen für eine frühere Zeit machen können, scheint es, daß 1840/49 die Arbeitsleistung doch annähernd um die Hälfte höher war als 1830/39.

Die geringe Zunahme der Steigerungsrate der Arbeitsleistung 1850/59 erklärt sich daraus, daß sich das Kapital in dieser Zeit in der Übergangsphase vom Stadium der extensiven zu dem der intensiven Produktions- und Ausbeutungsmethoden befand.

*) Ebendort, S. 107

Mit der breiten Anwendung der neuen Produktions- und Ausbeutungsmethoden stieg die Arbeitsleistung schnell an – bis ihre Zunahmerate in dem Jahrzehnt 1870/79 einen Höhepunkt erreichte.

Für den Kohlenbergbau haben wir für Deutschland weit zurückgehende Daten, die wir des Interesses wegen bringen, ebenso können wir für Frankreich ein wenig weiter zurückgehen. Die Daten lauten*:

Arbeitsleistung im Kohlenbergbau, 1787 bis 1903
(1900 = 100)

Deutschland		**Frankreich**	
Zyklus**	**Index**	**Zyklus**	**Index**
1787-1796	44	–	–
1797-1806	50	–	–
1807-1816	43	–	–
1817-1826	44	–	–
1827-1836	47	–	–
1837-1846	45	1834-1839	61
1847-1850	46	1841-1851	62
1850-1859	49	1852-1858	67
1860-1866	65	1860-1868	72
1867-1875	75	1868-1878	76
1876-1886	96	1879-1886	89
1987-1893	102	1887-1895	100
1893-1902	98	1895-1903	100

**) Ebendort, S. 106*

***) Erst ab 1860, vorher Jahrzehnte*

In Deutschland stagnierte die Produktivität (Arbeitsleistung) im Kohlenbergbau während der ganzen Frühzeit des Industriekapitalismus. Die letzten Zahlen für diese Periode in Frankreich – frühere haben wir leider nicht – deuten vielleicht auf eine gleiche Entwicklung auch in diesem Lande hin. Einige Zahlen, die wir für die Entwicklung der Eisenindustrie in Deutschland haben, geben die gleiche Tendenz an. Das heißt, es ist überaus wahrscheinlich, daß die Produktivität in der Schwerindustrie Europas in der ersten Zeit des industriellen Kapitalismus relativ stagnierte. Aber wir haben keine Zahlen für die USA, und es erscheint mir unwahrscheinlich, daß dort Stagnation herrschte.

Mit dem Eintritt in die zweite Epoche des Kapitalismus stieg die Produktivität im Kohlenbergbau in Deutschland steil an (genau wie auch in der Eisenindustrie), und etwas ähnliches können wir für Frankreich beobachten. In England jedoch stagnierte die Produktivität bzw. stieg, wenn wir die Verkürzung der Arbeitszeit berücksichtigen würden, nur langsam. Und in den USA? Wieder haben wir keine Daten. Überdies – und das unterscheidet wieder die Entwicklung in Deutschland von der in Frankreich – war die Steigerung in Deutschland auf das Dritteljahrhundert nach 1850 beschränkt.

Vergleichen wir die Entwicklung der wöchentlichen Arbeitszeit in den Fabriken und die Entwicklung der Arbeitsleistung, dann finden wir, daß die Arbeitszeit von der Mitte bis zum Ende des Jahrhunderts um rund 20 Prozent zurückging, die Arbeitsleistung, die Produktivität pro Tag jedoch um rund 100 Prozent anstieg. Berechnen wir gar die Produktivität pro Stunde, so kommen wir auf eine Mehrleistung von 125 Prozent.

Wie entwickelte sich in dieser Zeit die Industrieproduktion?*

Jahre	Index	Steigerung
1850-59	42	–
1860-69	58	40
1870-79	80	40
1880-89	112	40
1890-99	162	45

Die Produktion ist in jedem Jahrzehnt weit stärker gestiegen als die Produktivität, weshalb immer mehr Arbeiter und Angestellte beschäftigt werden mußten.

Aus diesem Grunde stieg auch die Arbeitslosigkeit nicht. Für die hier betrachtete Zeit haben wir einigermaßen zuverlässige Zahlen nur für England und Deutschland:**

Prozent der Arbeitslosigkeit

Zyklen	England	Zyklen	Deutschland
1849/58	5,4	–	–
1859/68	4,9	–	–
1869/79	4,1	–	–
1880/86	5,9	–	–
1887/95	5,2	1887/93	3,3
1895/1903	3,5	1893/1902	2,9

Von einer Steigerung der Arbeitslosigkeit in diesem Halbjahrhundert kann keine Rede sein.

*) *Ebendort, S. 16*

**) *Ebendort, S. 101*

Eine besondere Betrachtung wert ist noch die Sozialpolitik, deren Entwicklung 1847 mit dem Zehnstundengesetz in England begann und in der hier betrachteten Zeit einen Höhepunkt in Deutschland unter Bismarck erreichte.

Die Haltung von Marx und Engels zu diesem Gesetz war zunächst grundfalsch. Ihre Verwirrung wurde hervorgerufen dadurch, daß das Gesetz von den Tories als Vertretern des Großgrundbesitzes gegen die Stimmen der Liberalen als Schlag der »halbfeudalen Reaktion« gegen die industriekapitalistische Bourgeoisie im Parlament durchgepeitscht wurde. Engels schrieb etwa in *The Democratic Review*, März 1850: »So war die Zehnstundenbill an sich und als abschließende Maßregel entschieden ein falscher Schritt, eine unpolitische und sogar reaktionäre Maßregel, die den Keim ihrer eigenen Zerstörung in sich trug. Einerseits beseitigte sie nicht die gegenwärtige Gesellschaftsordnung, und andererseits förderte sie auch nicht ihre Entwicklung.« Und 3 Jahre später bemerkte Marx in einem seiner Artikel in der *New York Daily Tribune* (15.3.1853): »Der Grundadel, dem die 1846 tatsächlich erfolgte Abschaffung der Korngesetze einen tödlichen Schlag versetzt hatte, rächte sich, indem er 1847 dem Parlament die Zehnstundenbill aufzwang.«

Vergessen ist die Haltung von Engels 1845, als er das Zehnstundengesetz als eine Forderung der Arbeiter sah, die sich auch durchsetzen würde. Erst 1869, in der »Inauguraladresse« der Internationalen Arbeiterassoziation findet Marx wieder die rechte Erklärung, indem er bemerkt: »Nach einem dreißigjährigen Kampf, der mit bewundernswürdiger Ausdauer geführt ward, gelang es der englischen Arbeiterklasse durch Benutzung eines augenblicklichen Zwiespalts zwischen Landlords und Geldlords, die Zehnstundenbill durchzusetzen. Die großen physischen, moralischen und geistigen Vorteile, die den Fabrikarbeitern aus dieser Maßregel erwuchsen und die man in den Berichten der Fabrikinspektoren halbjährlich verzeichnet findet, sind jetzt von allen Seiten anerkannt. Die meisten kontinentalen Regierungen nehmen das englische Fabrikgesetz in mehr oder minder veränderter Form an, und in England selbst wird seine Wirkungssphäre jährlich vom Parlament ausgedehnt.«

Wieviel klarer reagiert Bebel auf die Sozialgesetzgebung unter Bismarck – die Krankenversicherung von 1883, die Unfallversicherung von 1884, die Invaliden- und Altersversicherung von 1889! Natürlich will Bismarck damit den Einfluß der Sozialdemokraten schwächen. Wie deutlich drückt er den Sinn der Sozialversicherung, wie er ihn sieht, aus, wenn er formuliert: »Wer eine Pension hat für sein Alter, der ist viel zufriedener und viel leichter zu behandeln, als wer darauf keine Aussicht hat. Sehen Sie den Unterschied zwischen einem Privatdiener und einem Kanzleidiener oder einem Hofbedienten an; der letztere wird sich *weit mehr bieten lassen* (meine Hervorhebung – J. K.), viel mehr Anhänglichkeit an seinen Dienst haben als jener; denn er hat Pension zu erwarten.« Und wie großartig reagierte Bebel gleich 1881, als er im Reichstag erklärte: »Meine Herren, ich komme nun zunächst zu den Motiven dieses Gesetzentwurfes, ohne die derselbe vollständig klar zu beurteilen und in seiner Bedeutung zu übersehen nicht möglich wäre. Da heißt es gleich im Eingang, daß der gegenwärtig uns vorliegende Gesetzentwurf seine Existenz dem Umstand verdanke, daß man die bei Beratung des Gesetzes vom 21. Oktober 1878, betreffend die gemeingefährlichen Bestrebungen der Sozialdemokratie, abgegebenen Versprechen, nämlich auch für positive Maßregeln zum Wohl der Arbeiter zu sorgen und damit die Sozialdemokratie zu bekämpfen, seinen Ursprung verdanke. Meine Herren, das freut uns ganz außerordentlich, denn damit ist ja bewiesen, daß wir eigentlich die Urheber dieses Gesetzentwurfes sind (Sehr richtig! links; Heiterkeit), und das wird bei den deutschen Arbeitern einen gar nicht ungünstigen Eindruck machen; des versichere ich Sie.«

So vergeblich auch der Kampf Bismarcks mittels sozialer Gesetzgebung gegen die Sozialdemokratie war, so groß war doch ihre Bedeutung für die Lage der Arbeiterklasse in der ersten Periode der Zweiten Epoche der Geschichte des Kapitalismus.

*

Diese erste Periode der zweiten Epoche der Geschichte des Kapitalismus nach dem Beginn der Industriellen Revolution ist seine glücklichste, eine echte Aufstiegsperiode auf fast allen entscheidenden Gebieten. Die Produktion stieg steil an, die Produktivität stieg kräftig, den Arbeitern und Angestellten ging es materiell und ideell besser. Das letztere ist von großer Bedeutung. Die Arbeiter waren von der Arbeit nicht mehr so ermüdet, daß sie in der »Freizeit« so oft nur essen und schlafen wollten. Sie begannen ernsthaft über ihre Lage nachzudenken, sie begannen, insbesondere große, starke Gewerkschaften und speziell in Deutschland und Frankreich einflußreiche Arbeiterparteien zu bilden – ja in Frankreich gab es 1871 auf begrenztem Gebiet eine Revolution. (Die Revolution in Deutschland 1848 war keine Revolution der Arbeiter – Marx wirkte im Rheinland, weil es nur dort eine größere Anzahl von Arbeitern gab.)

Die wichtigste negative Entwicklung war, daß die materielle Kluft zwischen »Reichen und Armen« immer größer wurde. Zwar stiegen die Reallöhne, aber die Profite stiegen wesentlich schneller.

Es war eben und blieb eine echt kapitalistische Gesellschaft.

In dieser ersten Periode der zweiten Epoche zeigte sich die Überlegenheit der kapitalistischen allen anderen Gesellschaften gegenüber – sowohl der Sklavenhalter- wie der Feudalgesellschaft. Die Bourgeoisie hatte, wie Marx und Engels im »Kommunistischen Manifest« bemerkten, in gewisser Weisen einen permanent revolutionären Charakter. Sie schrieben: »Die Bourgeoisie kann nicht existieren, ohne die Produktionsinstrumente, also die Produktionsverhältnisse, also sämtliche gesellschaftliche Verhältnisse fortwährend zu revolutionieren. Unveränderte Beibehaltung der alten Produktionsweise war dagegen die erste Existenzbedingung aller früheren industriellen Klassen.«

Darum hat Lenin auch etwa ein Dreivierteljahrhundert später den Kapitalismus stets als Feind und, wie er formulierte, als »Lehrmeister« betrachtet und verlangt, daß die in der Wirtschaft tätigen Genossen das auch tun. Vielleicht am brutalsten ist folgende Formulierung auf dem XI. Parteitag der KPR (B) am 27. März 1922:* »Darauf müssen wir alle Aufmerksamkeit richten und dürfen uns nicht damit zufriedengeben, daß überall in den staatlichen Trusts und gemischten Gesellschaften verantwortliche und sehr gute Kommunisten sitzen – das nützt gar nichts, weil sie nicht zu wirtschaften verstehen und in dieser Hinsicht schlechter sind als ein gewöhnlicher kapitalistischer Kommis, der die Schule einer großen Fabrik und einer großen Firma durchgemacht hat. Wir begreifen das nicht, weil es hier noch kommunistischen Hochmut gibt – Komtschwanstwo, um mich wieder der schönen russischen Sprache zu bedienen. Die Sache ist die, daß der verantwortliche Kommunist – auch der beste,

*) *Lenin, Werke Bd. 33, Berlin 1962, S. 261f.*

anerkannt ehrliche und ergebene, der das Zuchthaus ertragen und den Tod nicht gefürchtet hat – es nicht versteht, Handel zu treiben, weil er nicht vom Fach ist, weil er das nicht gelernt hat und nicht lernen will und nicht begreift, daß er mit dem Abc anfangen muß. Der Kommunist, der Revolutionär, der die größte Revolution der Welt vollbracht hat, auf den, wenn nicht vierzig Jahrhunderte von den Pyramiden, so doch vierzig europäische Länder mit der Hoffnung auf Erlösung vom Kapitalismus blicken – er muß von einem simplen Handlungsgehilfen lernen, der zehn Jahre in einer Mehlhandlung herumgelaufen ist, der das Geschäft versteht, während er, der verantwortliche Kommunist und ergebene Revolutionär, weit davon entfernt ist, es zu verstehen, nicht einmal versteht, daß er es nicht versteht.«

Deutlicher und brutaler kann man kaum formulieren.

Und so schreibt Lenin zu einer Zeit, in der er vom »Niedergang« des Kapitalismus spricht! Aber auch in seiner Niedergangsperiode ist der Kapitalismus in gewisser Weise noch revolutionär.

Ach wie offen war Lenin doch für alles Große, was die Menschheit geschaffen hat! Nicht nur auf dem Gebiete der Wirtschaft, sondern auch allgemein auf dem Gebiete der Kultur. Dazu noch ein Zitat aus einer Notiz »Über proletarische Kultur« vom Oktober 1920:* »Der Marxismus hat seine weltgeschichtliche Bedeutung als Ideologie des Proletariats dadurch erlangt, daß er die wertvollsten Errungenschaften des bürgerlichen Zeitalters keineswegs ablehnte, sondern sich umgekehrt alles, was in der mehr als zweitausendjährigen Entwicklung des menschlichen

**) Ebendort, Bd. 31, Berlin 1959, S. 308*

Denkens und der menschlichen Kultur wertvoll war, aneignete und es verarbeitete. Nur die weitere Arbeit auf dieser Grundlage und in dieser Richtung, inspiriert durch die praktische Erfahrung der Diktatur des Proletariats, dieses seines letzten Kampfes gegen jegliche Ausbeutung, kann als Aufbau einer wirklich proletarischen Kultur anerkannt werden.«

Wunderbar diese Offenheit für alles Große, was der Mensch geschaffen hat!

Zweite Periode

Die zweite Periode, die die erste Halbzeit des gegenwärtigen Jahrhunderts, also die Zeit von 1900 bis 1950 umfaßt, gehört zu den schlimmsten Zeiten in der Geschichte der Menschheit. Sie umfaßt zwei Weltkriege und Dutzende von Millionen Toten und noch einmal so viele Hungernde und Obdachlose, auch in den ersten Nachkriegsjahren, allein in der »Ersten Welt«. Sie umfaßt die schlimmste Wirtschaftskrise, die die Welt des Kapitals je erlebt hat, in den Jahren 1929/32 oder gar bis 1933. Sie umfaßt auch viele Jahre des Faschismus und des Stalinismus mit Millionen zivilen Opfern in Friedenszeiten und während des Krieges. Mit Recht spricht Eric Hobsbawm in seiner Geschichte des 20. Jahrhunderts von einer Zeit der »Katastrophe«.

Und doch – welch Wahnsinn! stieg die Produktion auf allen Gebieten, nicht zum wenigsten die Produktion von Waffen natürlich.

Weltproduktion, 1895/1904 bis 1940/49
(Wert pro Jahr in Milliarden Dollar und in Preisen von 1913)

Jahrzehnt	Insgesamt	Landwirtschaft	Bergbau	Industrie
1995-1904	53,5	30,9	2,5	20,2
1900-1909	62,1	34,1	3,3	24,7
1905-1914	71,1	37,4	4,1	29,6
1913*	80	40	5	35
1910-1919	75,2	37,5	4,7	33,0
1915-1924	78,4	39,7	5,0	33,8
1920-1929	93,6	48,0	5,9	39,8
1925-1934	102,3	53,7	6,1	42,4
1930-1939	109,0	56,0	6,5	46,6
1938**	118,0	58,8	7,4	51,8
1935-1944	135,2	56,8	8,0	70,4
1940-1949	141,4	56,2	8,5	76,7

*) Vgl. Bd. 37, a.a.O., S. 16

**) letztes Friedensjahr

Fast verdreifacht hat sich die Gesamtproduktion in diesem Halbjahrhundert! Und in der Industrie fast vervierfacht! Eine wahrlich unsinnige Entwicklung!

Und wie hat sich gleichzeitig die Arbeitsleistung entwickelt? Vergleichen wir die Entwicklung nach Jahrzehnten in der Industrie, dann ergibt sich folgendes:*

Steigerung der Produktion und Arbeitsleistung 1890 bis 1949

Jahrzehnt	Produktion	Jahrzehnt	Arbeitsleistung
1890/99-1900/09	52	1900-1909	22
1900/09-1910/19	34	1910-1919	21
1910/19-1920/29	21	1920-1929	17
1920/29-1930/39	17	1930-1939	27
1930/39-1940/49	64	1940-1949	14

Wiederum völlig verrückt diese Entwicklung. Die Produktivität ist trotz aller Katastrophen ständig gestiegen. Lenin nennt den technischen Fortschritt »schwindelerregend«. Jedoch, wie im vorangehenden Halbjahrhundert stieg die Produktion in der Industrie mit Ausnahme der Jahre der schlimmsten Wirtschaftskrise wesentlich schneller als die Produktivität, und so wurden mehr und mehr Arbeiter und Angestellte beschäftigt, um die Produktion zu bewältigen.

*) *Ebendort, S. 95*

Vergleichen wir die Entwicklung von Produktion und Produktivität in der Industrie in den beiden hier betrachteten Perioden, dann finden wir eine Steigerung pro Jahrzehnt:

Perioden	**Steigerung**	
	Produktion	**Produktivität**
1. Periode 1850/59-1890/99	40	19
2. Periode 1900/09-1940/49	34	20

Die Steigerung der Produktion war in der zweiten Periode deutlich niedriger als in der ersten, und sie war noch viel niedriger, wenn wir die Zeit von 1940/49 mit der enormen Waffenproduktion ausschließen, denn dann betrug sie für 1900/09-1930/39 nur 24 Prozent pro Jahrzehnt, während die Produktivität in der gleichen Zeit um 21 Prozent stieg. Die Produktion stieg kaum stärker als die Produktivität, eine sehr gefährliche Entwicklung für die Beschäftigung, die sich in der Industrie so entwickelte:*

Industriebeschäftigung
1913 = 100

Jahrzehnt	Index	Jahrzehnt	Index
1900-09	85	1930-39	114
1910-13	98	1940-49	163
1920-29	115		

*) *Ebendort, S. 101*

Von 1920/29 bis 1930/39 stagnierte die Beschäftigung, eine Katastrophe für die an Zahl wachsende Bevölkerung. Kein Wunder, daß sich die Arbeitslosigkeit wie folgt entwickelte:*

Prozent der Arbeitslosigkeit (Wirtschaftszyklen)

Zyklus	England	Zyklus	USA	Zyklus	Deutschland
1895/1903	3,5	1897/1908	10,2	1893/1902	2,9
1904/1908	5,2	–	–	–	–
1909/1914	4,0	1908/1914	10,5	1902/1914	2,6
1915/1923	5,6	1915/1921	10,1	1914/1923	3,7
1924/1932	13,7	1922/1933	13,5	1924/1932	19,2
1933/1939	14,0	1933/1939	19,2	–**	

In den meisten Industriestaaten beobachten wir eine bis dahin unbekannte Katastrophe der Arbeitslosigkeit.

*

Wenn wir an diese Entwicklung der Arbeitslosigkeit und die vergleichsweise Entwicklung von Produktion und Produktivität denken, dann verwundert es nicht, wenn Lenin von einer Niedergangsperiode des Kapitalismus spricht. In der Tat war die Entwicklung katastrophal im Vergleich zur vorangehenden Periode, zum Halbjahrhundert von 1850 bis 1900.

**) Ebendort, S. 101*

***) Keine Prozentzahlen veröffentlicht; die Arbeitslosigkeit sank infolge der Kriegsrüstung bis 1939 auf praktisch Null herab.*

Lenin führt diese Entwicklung vor allem auf die Entwicklung von Monopolen zurück. Diesen monopolistischen Kapitalismus nennt er auch Imperialismus, da die Monopolisten nach Weltherrschaft streben. Seine Haupterkenntnisse hat er in seiner 1916 verfaßten und 1917 veröffentlichten Schrift »Der Imperialismus als höchstes Stadium des Kapitalismus« niedergeschrieben.*

Dort lesen wir:

Zunächst die allgemeine Feststellung:** »Das ungeheure Wachstum der Industrie und der auffallend rasche Prozeß der Konzentration der Produktion in immer größeren Betrieben ist eine der charakteristischen Besonderheiten des Kapitalismus.«

Sodann konkret: »Der Imperialismus erwuchs als Weiterentwicklung und direkte Fortsetzung der Grundeigenschaften des Kapitalismus überhaupt. Zum kapitalistischen Imperialismus wurde der Kapitalismus erst auf einer bestimmten, sehr hohen Entwicklungsstufe, als einige seiner Grundeigenschaften in ihr Gegenteil umzuschlagen begannen, als sich auf der ganzen Linie die Züge einer Übergangsperiode vom Kapitalismus zu einer höheren ökonomischen Gesellschaftsformation herausbildeten und sichtbar wurden. Ökonomisch ist das Grundlegende in diesem Prozeß die Ablösung der kapitalistischen freien Konkurrenz durch die kapitalistischen Monopole. Die freie Konkurrenz ist die Grundeigenschaft des Kapitalismus und der Warenproduktion überhaupt; das Monopol ist der direkte Gegensatz zur freien Konkurrenz, aber diese begann sich vor unseren

**) W. I. Lenin, Werke, Band 22, Berlin 1960*
***) Ebendort, S. 200*

Augen zum Monopol zu wandeln, indem sie die Großproduktion schuf, den Kleinbetrieb verdrängte, die großen Betriebe durch noch größere ersetzte, die Konzentration der Produktion und des Kapitals so weit trieb, daß daraus das Monopol entstand und entsteht, nämlich: Kartelle, Syndikate, Trusts und das mit ihnen verschmelzende Kapital eines Dutzends von Banken, die mit Milliarden schalten und walten. Zugleich aber beseitigen die Monopole nicht die freie Konkurrenz, aus der sie erwachsen, sondern bestehen über und neben ihr und erzeugen dadurch eine Reihe besonders krasser und schroffer Widersprüche, Reibungen und Konflikte. Das Monopol ist der Übergang vom Kapitalismus zu einer höheren Ordnung.«*

Weiter, noch konkreter: »Wie wir gesehen haben, ist die tiefste ökonomische Grundlage des Imperialismus das Monopol. Dieses Monopol ist ein kapitalistisches, d.h. ein Monopol, das aus dem Kapitalismus erwachsen ist und im allgemeinen Milieu des Kapitalismus, der Warenproduktion, der Konkurrenz, in einem beständigen und unlösbaren Widerspruch zu diesem allgemeinen Milieu steht. Dennoch erzeugt es, wie jedes andere Monopol, unvermeidlich die Tendenz zur Stagnation und Fäulnis. In dem Maße, wie Monopolpreise, sei es auch nur vorübergehend, eingeführt werden, verschwindet bis zu einem gewissen Grade der Antrieb zum technischen und folglich auch zu jedem anderen Fortschritt, zur Vorwärtsbewegung; und insofern entsteht die *ökonomische* Möglichkeit, den technischen Fortschritt künstlich aufzuhalten.«**

**) Ebendort, S. 269f.*

***) Ebendort, S. 280f.*

Und schließlich: »Monopole, Oligarchie, das Streben nach Herrschaft statt nach Freiheit, die Ausbeutung einer immer größeren Anzahl kleiner oder schwacher Nationen – all das erzeugte jene Merkmale des Imperialismus, die uns veranlassen, ihn als parasitären oder in Fäulnis begriffenen Kapitalismus zu kennzeichnen. Immer plastischer tritt als eine Tendenz des Imperialismus die Bildung des »Rentnerstaates«, des Wucherstaates hervor, dessen Bourgeoisie in steigendem Maße vom Kapitalexport und »Kuponschneiden« lebt. Es wäre ein Fehler, zu glauben, daß diese Fäulnistendenz ein rasches Wachstum des Kapitalismus ausschließt; durchaus nicht, einzelne Industriezweige, einzelne Schichten der Bourgeoisie und einzelne Länder offenbaren in der Epoche des Imperialismus mehr oder minder stark bald die eine, bald die andere dieser Tendenzen.«*

Großartig diese Kennzeichnung der Periode von 1900 bis zum Ende des zweiten Weltkrieges durch Lenin – im Jahre 1916!

*

Doch jetzt eine Abschweifung, die zeigt, wie wenig die sogenannte Kommunistische Führung der Deutschen Demokratischen Republik von Lenin gelernt hat – und auch wie lange ich dazu brauchte, Entscheidendes in der Wirtschaft zu begreifen. Denn erst im Dezember 1989 schrieb ich in einem Artikel für das *Neue Deutschland* unter anderem:

»Wir sprechen niemals von Monopolsozialismus, obgleich es ihn seit Jahrzehnten bei uns gibt ...

**) Ebendort, S. 305f.*

Wenn bei uns mehr Marktwirtschaft verlangt wird, dann ist sie vor allem innerhalb unserer großen Wirtschaftsbetriebe notwendig. Wir müssen unseren Kombinaten bzw. ihren Teilbetrieben endlich ihre Monopolstellung nehmen. Strenge und ehrliche wirtschaftliche Rechnungsführung von Monopolen wird uns weiterführen, aber nicht sehr viel. Was wir vor allem brauchen ist endlich Konkurrenz oder, wenn das zu kapitalistisch klingt, Wettbewerb zwischen Betrieben mit gleicher Produktion auf dem Markt, auf dem Betriebe voneinander kaufen bzw. der Großhandel Waren abnimmt.

Also Schluß mit dem Monopolsozialismus.«

Solche Monopole finden wir natürlich bereits in der Feudalzeit, in der sie wohl zuerst auftreten – im antiken Griechenland und Rom sind sie unbekannt. Ja, als sich der Kapitalismus in England im 16. Jahrhundert kräftig zu entwickeln begann, versuchten die kapitalistischen Kräfte gegen Ende der Regierungszeit der Königin Elisabeth der Schaffung von, von der Königin vergebenen, Monopolen entgegenzutreten. Auch die Monopolkombinate gehören zu dem, was man Elemente des feudalen Absolutismus in der DDR nennen muß.

Ja, wir hatten Monopolsozialismus mit all den Nachteilen, die das Monopol in jeder Gesellschaftsordnung bringen muß.

Wie unglaubhaft verläuft doch die Weltgeschichte in manchen Perioden und manchen Gesellschaftsordnungen!

Dritte Periode*

Die dritte Periode brachte einen erneuten Aufschwung des Kapitalismus. Sie dauerte von 1950 bis an den Anfang der neunziger Jahre. Wir Marxisten erwarteten alle nach dem Ende des Krieges einen beschleunigten Niedergang des Kapitalismus, mit Ausnahme meines Lehrers und Freundes Eugen Varga, der meinte, der Kapitalismus würde, vielleicht nach zehn Jahren, wieder seinen Vorkriegsstand erreichen. Er fiel daher in »Ungnade«, sein Institut für Weltwirtschaft wurde aufgelöst, und seine Schüler in der Sowjetunion standen ebenfalls unter starkem Verdacht der »Abweichung vom Marxismus«.

Aber auch Varga hat bis zu seinem Tode nicht die wahren Ursachen des Aufschwungs erkannt. Niemand hat sie bis heute begriffen. Niemand hat verstanden, warum sich der von Lenin mit so viel Recht festgestellte Niedergang des Kapitalismus nicht nach dem Zweiten Weltkrieg fortsetzte. Mit einer kümmerlichen Ausnahme – mir wurden die Ursachen aber auch erst vor kurzem klar.

Lenin betrachtete als Hauptursache des Niedergangs das Monopol. Wenn er nun verlangte, daß wir Marxisten den Kapitalismus als Feind und als Lehrmeister betrachten sollen, war er sich doch nicht klar darüber, daß auch das Kapital ihn, Lenin, gewissermaßen als Feind und Lehrmeister betrachten konnte. Das aber tat das Kapital in gewisser Weise, indem es das Monopol abschaffte. An die Stelle des Monopols trat das Oligopol, die Konkurrenz innerhalb einiger Riesenkonzerne. An die Stelle

*\) *Alle Statistiken, die im folgenden ohne Quellenangabe gegeben werden, sind auf Grund amtlicher Statistiken berechnet.*

von Ford traten drei miteinander konkurrierende Riesenkonzerne, und genau das gleiche Schicksal erlitt das IG-Farben-Monopol in Deutschland. In allen führenden kapitalistischen Ländern wurden Regierungsstellen eingerichtet, deren Aufgabe es ist, darauf zu achten, daß sich keine Monopole bilden.

Kein Marxist, auch kein bürgerlicher Wissenschaftler hat jedoch auf diese erstaunliche Wandlung in der Wirtschaftsstruktur im Zusammenhang mit dem Wirtschaftsaufschwung nach dem Zweiten Weltkrieg aufmerksam gemacht, und viele Marxisten sprechen noch immer vom monopolistischen Kapitalismus oder vom staatsmonopolistischen Kapitalismus, die es aber seit dem Ende des Zweiten Weltkrieges nicht mehr gibt.

Natürlich ist es unsinnig übertrieben, wenn Eric Hobsbawm von den Jahrzehnten nach dem Zweiten Weltkrieg als einem »goldenen Zeitalter« spricht, der gleiche Hobsbawm, der so deutlich erkannt hat, daß seit einigen Jahren das »dunkle Zeitalter des Kapitalismus« begonnen hat. Natürlich ist es unsinnig übertrieben, wenn Peter Alheit, der so deutlich erkannt hat, wie sich gegenwärtig zahlreiche Elemente der Barbarei in die kapitalistische Gesellschaft mischen, davon spricht, daß die Gesellschaft der Bundesrepublik sich in den Jahrzehnten nach dem Zweiten Weltkrieg auf dem Wege zu Gramscis »ziviler Gesellschaft« befand. Aber niemand kann und darf bezweifeln, daß man nach dem Zweiten Weltkrieg nicht weiter vom Niedergang des Kapitalismus sprechen darf, daß der Kapitalismus sich erholte.

Das zeigen die folgenden Zahlen ganz deutlich:

Produktions- und Produktivitätssteigerung in der Industrie, Prozent

Jahrzehnt	Produktion	Produktivität
1950/59	36	22
1960/69	74	32
1970/79	69	39
1980/89	39	31

Wie immer ist die Produktion stärker gestiegen als die Produktivität. Und wenn wir die Jahre des Zweiten Weltkrieges mit ihrer enormen Rüstungsproduktion herausnehmen, dann ist die Produktion noch nicht 1950-1959, wohl aber in den beiden folgenden Jahrzehnten stärker als je seit Mitte des 19. Jahrhunderts gestiegen. Im folgenden Jahrzehnt war die Steigerung wesentlich niedriger. In den beiden Jahrzehnten höchster Produktionsleistung stieg auch die Produktivität stärker als je zuvor.

Für die Zeit von 1840/49 bis 1960/69 habe ich auch einen Vergleich der Entwicklung der Arbeitsleistung und der Reallöhne gemacht [Vgl. Bd. 37, S. 118]:

Reallöhne und Arbeitsleistung, 1840 bis 1969
(1900 = 100)

Jahr	Arbeitsleistung	Reallöhne
1840-1849	40	67
1850-1859	45	65
1860-1869	55	73
1870-1879	70	81
1880-1889	80	90
1890-1899	90	98
1900-1909	110	100
1910-1919	133	98
1920-1929	155	100
1930-1939	197	103
1940-1949	225	110
1950-1959	274	125
1960-1969	360	140

Die Reallöhne haben sich, wenn wir die nachfolgenden Jahre in unsere Betrachtung mit einbeziehen, nach dem zweiten Weltkrieg in der kapitalistisch ausgebeuteten Welt etwa verdoppelt. Die Arbeitsleistung der Industriearbeiter hat sich mehr als verzehnfacht!

Im folgenden geben wir noch Statistiken der Arbeitslosigkeit. Nach den ersten schlimmen Jahren der Nachkriegszeit war sie zunächst praktisch verschwunden, um erst in den achtziger Jahren, gewissermaßen als Ankündigung der nächsten Zeit, stark zu steigen. In den wichtigsten EG-Staaten und in der EG entwickelte sie sich so:

Prozent Arbeitslose

1960/69	2,1
1970/79	3,8
1980/89	9,1
1985/89	10,4

In den Vereinigten Staaten war die Entwicklung eine ähnliche. Im Ganzen, wenn wir diese Zeit nach dem Zweiten Weltkrieg betrachten, war die Entwicklung für den Kapitalismus eine günstige bis in die siebziger Jahre. In den achtziger Jahren beobachten wir erste Anzeichen eines Niedergangs, und zwar sowohl eine überaus deutliche Verringerung des Abstandes der Entwicklung von Produktion und Produktivität, sowie – wohl im Zusammenhang damit – eine erschreckende Steigerung der Arbeitslosigkeit.

Anzeichen einer neuen Epoche?

DRITTE EPOCHE

Ja, mit den neunziger Jahren unseres Jahrhunderts ist eine neue Epoche angebrochen: In vielen Ländern der Ersten Welt – noch nicht in den Vereinigten Staaten von Amerika –, am deutlichsten in Deutschland. Und an der Entwicklung in Deutschland wollen wir sie im folgenden untersuchen.

Marx und Engels sahen die Zukunft so: »Sozialismus oder Barbarei«. Als Wissenschaftler konnten sie nicht entscheiden, welche der beiden Gesellschaftsformationen sich durchsetzen würde. Aber sie waren ja nicht nur Wissenschaftler. Als Menschen waren sie auch Gläubige, und darum fügte Marx seiner wissenschaftlichen Prognose den Satz hinzu: Aber ich glaube, daß der Sozialismus siegen wird.

In Deutschland befindet sich jedoch – als Wissenschaftler wie Marx muß ich formulieren – die Barbarei augenblicklich im Siegeszug. Jedes Jahr schlägt die Arbeitslosigkeit neue Rekorde, ebenso die Zahl der Obdachlosen, die an die Million heranreicht. Aber auch kleine Meldungen deuten das an wie etwa die folgende: In Berlin sterben mehr Kinder durch Selbstmord als durch Verkehrsunfälle. Keine Zahlen sind bekannt über die Drogensüchtigen. Die Kriminalität steigt, vor allem unter den Jugendlichen. Wahrlich, es gibt genug Anzeichen für das Eindringen von Elementen der Barbarei in unsere Gesellschaft!

Dazu kommt eine erstaunliche Entwicklung der Reallöhne, die an die Erste Epoche erinnert. Nach den Berechnungen des »Wirtschafts- und Sozialwissenschaftlichen Instituts in der Hans-Böckler-Stiftung«* entwickelte sich das reale gesamtwirt-

*) *WSI-Mitteilungen, 10/1996*

schaftliche Arbeitseinkommen in den alten Bundesländern so (Bewegung in Prozent):

1990	+ 4,9
1991	– 0,9
1992	+ 0,4
1993	– 0,7
1994	– 2,8
1995	– 1,8

In den 5 Jahren 1991 bis 1995 ist das Realarbeitseinkommen nur einmal, und zwar um weniger als ein halbes Prozent, gestiegen, während, wie wir gleich sehen werden, die Produktion nur einmal, im Jahre 1993, gesunken und die Produktivität in jedem Jahr gestiegen ist.

Wir beobachten jedoch auch fundamentale Wandlungen in der Wirtschaft unserer Gesellschaft. So entwickelten sich Produktion und Produktivität in den neunziger Jahren wie folgt:

Jahr	**Steigerung von**	
	Produktion	**Produktivität***
1991	3,7	1,2
1992	1,8	4,1
1993	-1,2	0,7
1994	3,0	3,5
1995	2,1	2,7
1996	0,0	2,5

*) *In einer Tabelle in einem Aufsatz in der ZU, 6.12., gab ich die Produktivität pro Stunde, hier pro Arbeitstag.*

Ab 1992 ist die Steigerung der Produktivität stets größer als die Steigerung der Produktion, das heißt, es werden jedes Jahr mehr Arbeiter überflüssig – im Gegensatz zu den vorangehenden zwei Jahrhunderten, in denen die Produktion, mit Ausnahme des grausamen Krisenzyklus von 1929/33 stets stärker stieg als die Produktivität, so daß immer mehr Arbeiter benötigt wurden. Schon aus diesem Grunde wird die Arbeitslosigkeit in Zukunft ständig steigen, womit natürlich eine entsprechende Senkung der Kaufkraft und ein entsprechender Druck auf die Konjunktur verbunden sind. Das ist die einzige Art der Konjunkturprognose, die man heute noch im Kapitalismus mit Sicherheit stellen kann.

Warum sind andere Konjunkturprognosen unmöglich geworden? Seit mehr als 150 Jahren hatten die Wirtschaftswissenschaftler der Bourgeoisie so oft mit ihren Prognosen insofern recht, als sie für das folgende Jahr stets einen Aufschwung voraussagten, denn ein Wirtschaftszyklus enthält zumeist 6 bis 8 Jahre des Aufschwungs und selten mehr als 2 bis 3 der Krise. Umgekehrt hatten wir Marxisten so oft unrecht, weil wir zumeist viel zu früh eine Krise erwarteten.

Das hat sich seit den neunziger Jahren grundlegend geändert. Der Kapitalismus ist in seine – so wie es jetzt aussieht – länger dauernde Endkrise geraten. Es gibt keine Wirtschaftszyklen mehr. So sank das sogenannte Bruttoinlandsprodukt im 3. Vierteljahr 1991, im 2. bis 4. Vierteljahr 1992, im 1. Vierteljahr 1993, im 3. und 4. Vierteljahr 1995 und im 1. Vierteljahr 1996. Ein völliges Durcheinander der Bewegung, von einem länger andauernden Aufschwung oder Abschwung ist keine Rede mehr. Daß es keine Wirtschaftszyklen mehr gibt, hat bisher niemand begriffen, und darum gibt es auch nur noch falsche Voraussagen.

1995 entwickelte sich das Bruttoinlandsprodukt so (Prozent):

1. Vierteljahr	+ 0,5
2. Vierteljahr	+ 1,0
3. Vierteljahr	– 0,0
4. Vierteljahr	– 0,5

Und nun sehen wir uns einige Presse-Überschriften vom Dezember 1994 und Januar 1995 an:

16. Dezember (FAZ): »Wirtschaftsministerium: Aufschwung verstärkt sich«.

20. Dezember (FAZ): »Bundesbank: Seit der Jahresmitte gewinnt der Aufschwung an Kraft und Breite«.

13. Januar (Berliner Zeitung): Der Präsident des Statistischen Bundesamtes: »Das Wirtschaftsbarometer steigt. Bruttoinlandsprodukt wuchs 1994 um 2,8 Prozent/1995 noch höheres Wachstum erwartet.«

13. Januar (FAZ): ebenfalls auf Grund der Äußerung des Präsidenten: »1995 ein Wachstum von real 3 Prozent erreichbar.«

Natürlich alles, wie oben angezeigt, völliger Unsinn.

Im Jahre 1996 entwickelte sich das Bruttoinlandsprodukt so (Prozent):

1. Vierteljahr	– 0,0
2. Vierteljahr	+ 1,5
3. Vierteljahr	+ 0,5
4. Vierteljahr	+ 0,0

Zitieren wir zwei ganz andere Quellen als für das Vorjahr aus dem Dezember 1995. Am 18. Dezember 1995 meldete die FAZ: »Ifo-Institut: Bald wieder mehr Schwung«, und im Text heißt es, daß das Bruttosozialprodukt um mehr als 2 Prozent steigen würde. Zwei Tage später berichtete die gleiche Zeitung von einer Voraussage der OECD für Deutschland von 2,4 Prozent.

Und wie steht es mit den Voraussagen für 1997? Nach den albernen Voraussagen der sechs Wirtschaftsinstitute und des Sachverständigenrats im Herbst von einer Steigerung des Sozialprodukts von 2,5 Prozent im Jahre 1997, kommt endlich kurz vor Weihnachten eine vernünftige, wenn auch völlig falsch begründete Voraussage der Deutschen Bundesbank, die die FAZ unter der Überschrift »Die Investitionsschwäche hemmt den Aufschwung« brachte. Ja, wenn es überhaupt zu einem Aufschwung 1997 kommen sollte, dann wird er gehemmt sein. Aber nicht auf Grund einer Investitionsschwäche, sondern auf Grund einer Schwächung der Kaufkraft der großen Masse der Bevölkerung durch sinkende Einkommen vor allem der Arbeiter und kleiner wie mittlerer Angestellter.

Diese werden sinken vor allem durch eine Steigerung der Arbeitslosigkeit, die von allen Wirtschaftsforschern erwartet wird, durch eine Steigerung der Pleiten, die ebenfalls allgemein angenommen wird, durch den bereits gesetzlich geregelten Abbau der sozialen Sicherheit sowie wahrscheinlich durch die geplante Fortsetzung der seit 4 Jahren andauernden Senkung der Reallöhne und Realgehälter.

Warum aber gibt es keine Wirtschaftszyklen mehr? Warum muß die Arbeitslosigkeit ständig steigen, solange der Kapitalismus noch herrscht? *Es hat eben eine fundamentale Wandlung in der Entwicklung des Kapitalismus stattgefunden, die ganz offenbar noch kaum jemand bemerkt hat.*

Kaum jemand in Deutschland, wohl aber haben einige linke bürgerliche Wissenschaftler in den Vereinigten Staaten begriffen, daß eine sehr bedeutsame Wandlung des Kapitalismus vor sich geht. Einer von ihnen – er sei zitiert, weil seine Formulierung so interessant ist – hat festgestellt: »Die ›Dritte Welt‹ dringt in die Großstädte der ›Ersten Welt‹ ein.« Hunger und Obdachlosigkeit, sinnloses, verlorenes Leben dringen in die Großstädte der »Ersten Welt« ein.

Niemand kann voraussehen, wann das Ende dieser Dritten Epoche kommen wird.

*

Aber wir können uns vorstellen, wie eine neue Gesellschaftsordnung auf die Entwicklung von Produktion und Produktivität, wie sie die dritte Epoche des Kapitalismus bringt, reagieren wird. Denn eine Gesellschaft, in der sich Produktion und Produktivität genau wie in den neunziger Jahren entwickeln, kann auch eine Gesellschaft nicht auf dem Wege in die Barbarei, sondern auf dem Wege zum Sozialismus sein. Betrachten wir noch einmal die Zahlen:

Jahr	**Steigerung von**	
	Produktion	**Produktivität**
2041	3,7	1,2
2042	1,8	4,1
2043	-1,2	0,7
2044	3,0	3,5
2045	2,1	2,7
2046	0,0	2,5

Eines der leider so wenigen sozialistischen Elemente der alten DDR war, daß es keine Arbeitslosigkeit gab. Das gilt natürlich erst recht für das Deutschland von 2046, in dem sich die ersten Anfänge einer sozialistischen Gesellschaft andeuten.

Auf Grund der Entwicklung in den Vorjahren gibt es 2046 eine heftige Diskussion in der Staatsführung – ja, noch gibt es eine solche – ebenso wie in der Bevölkerung, wie man diese wundervolle Entwicklung nutzen soll. Soll man, wie in den letzten Jahren, die wöchentliche Arbeitszeit bei vollem Lohn- und Gehaltsausgleich weiter senken, wo sie bereits 28 Stunden in einer 4-Tage-Arbeitswoche erreicht hat, oder soll man nicht das Rentenalter seinem nächsten Ziel, nämlich 50 Jahre, näher bringen? Man weiß, man ist noch weit vom »vollendeten Sozialismus« entfernt, in dem man, so wie man heute ein bis zwei Jahre beim Militär dient, ein bis zwei Jahre seines Lebens der Herstellung der notwendigen Produkte sowie den Dienstleistungen usw. widmen muß, während der Rest des Lebens – das »Rentenalter« beginnt mit etwa 25 Jahren – aus fröhlicher Hobbyarbeit, vielleicht in zwei Berufen, einem geistigen und künstlerischen oder handwerklichen, besteht. Aber man ist auf dem Weg dahin und tut alles, um die Produktivität auf allen Wirtschaftsgebieten möglichst stark gegenüber der Produktion zu steigern.

VERÄNDERTE WELT

Noch einmal zur Charakterisierung unserer Zeit: Vor 125 Jahren gab es nur 3 Großmächte: an der Spitze stand Großbritannien, gefolgt von den Vereinigten Staaten von Amerika und Deutschland. Frankreich war geschwächt durch den verlorenen Krieg und Japan war noch bedeutungslos.

Heute gibt es 5 Großmächte: weit an der Spitze stehen die Vereinigten Staaten, gefolgt von Japan, Deutschland, Frankreich und als letzter Großbritannien.

Ihre Macht besteht vor allem in dem hohen technischen Niveau ihrer Wirtschaft und der Größe ihrer Bevölkerung. Berechnet man jedoch das Inlandsprodukt pro Kopf der Bevölkerung, dann sieht die Welt ganz verändert aus. Nach den Berechnungen der Organisation für wirtschaftliche Zusammenarbeit und Entwicklung (OECD) sind die 5 führenden Länder dann

Luxemburg
Vereinigte Staaten
Schweiz
Norwegen
Kuweit.

Nur die Vereinigten Staaten sind als Großmacht noch vertreten. Es sind kleine Staaten vor allem, die hier erscheinen, darunter ein arabischer Staat, Kuweit.

Die nächsten 5 Länder sind

Island
Hong Kong
Japan
Singapur
Dänemark.

Nur zwei europäische Staaten sind noch unter ihnen, dagegen drei asiatische Staaten. Jedoch wieder nur eine der 5 Großmächte.

Die nächsten 5 Länder sind

Kanada
Belgien
Österreich
Deutschland
Holland.

Elf bis 15 ist plötzlich wieder Europa und ein Staat vom amerikanischen Kontinent - kein Land aus Afrika, Asien oder Australien. Und wieder nur eine Großmacht!

Die folgenden 5 Staaten sind

Frankreich
Australien
Italien
Schweden
Irland.

Wieder eine Großmacht mit Frankreich an 16. Stelle, und fast eine Großmacht, Italien, an 18. Stelle. Vier der Länder gehören zu Europa.

Schließlich folgen Finnland und an 22. Stelle die erste Großmacht von vor 125 Jahren, Großbritannien.

In jeder der 4 Fünfergruppen eine Großmacht und die zweite zu Beginn dieses Jahrhunderts endlich an 22. Stelle!

Vor 18 Jahren, 1979, sah die Gruppierung noch ganz anders aus. Zu der ersten Gruppe gehörten damals

Vereinigte Staaten
Schweiz
Luxemburg
Kanada
Frankreich.

Zwei Staaten des amerikanischen Kontinents, drei aus Europa, zwei Großmächte unter ihnen.

Zur zweiten Gruppe - 6 bis 10 - gehörten damals

Schweden
Island
Holland
Dänemark
Österreich.

Fünf europäische Staaten, aber keine Großmacht. Die bisher fehlenden Großmächte Japan, Deutschland und Großbritannien standen damals an 17., 14. und 13. Stelle.

Deutschland hat als eines von zwei Ländern, zu ihm gesellt sich als einziges Belgien, seinen Platz zwischen 1979 und 1996 nicht verändert. Befinden sich 1996 unter den 10 pro Kopf der Bevölkerung reichsten Ländern drei, die nicht zur ›Ersten Welt‹ gehören, so gab es 1979 kein einziges.«

Ja, die Welt verändert sich - aber zum Guten? Lesen wir weiter:

»ARMUT

Merille Lynch, das amerikanische Finanzinstitut, hat errechnet, daß es 6 Millionen Dollarmillionäre in der Welt gibt, die ein Vermögen in Höhe von 16000 Milliarden (16 Billionen) Dollar besitzen; für das Jahr 2000 rechnet man mit einer weiteren Erhöhung um 50 Prozent.

Auch in Deutschland melden nicht wenige Großkonzerne Rekordprofite oder, wie sie es nennen, Rekordgewinne. Es geht dem deutschen Großkapital trotz mäßiger Konjunktur, das heißt, trotz mäßiger Steigerung des Inlandsprodukts, ganz ausgezeichnet, und gut geht es auch dem mittleren Kapital. Ja, die finanziell obere Hälfte der deutschen Gesellschaft kann mit dem Geschäft, kann mit ihrem Leben zufrieden sein. Weiter belebt sie die Voraussage der sechs halboffiziellen Wirtschaftsinstitute, daß 1997 das Bruttoinlandsprodukt zwar nicht, wie die Regierung vorausgesagt hatte, um 2,5 aber doch wenigstens um 2,25 Prozent steigen würde. Die Berliner Zeitung brachte diese Voraussage allerdings unter der Überschrift: »Institute: Arbeitsmarkt bleibt Schattenseite«.

Und das wirft die Frage auf, wie geht es der unteren Hälfte der deutschen Gesellschaft? Deutschland steht zwar an dritter Stelle der Wirtschaftsmächte der Welt. Beim Inlandsprodukt pro Kopf der Bevölkerung aber rutscht es auf die vierzehnte Stelle. Wenn man aber das Einkommen pro Kopf der unteren Hälfte der Bevölkerung berechnen würde, dann steht Deutschland wohl erst an zwanzigster Stelle oder noch tiefer. Die Armut ist in Deutschland seit Beginn der neunziger Jahre von Jahr zu Jahr gewachsen und wird in diesem Jahr einen neuen Höhepunkt erreichen - nicht zum wenigsten wegen der seit 1991 immer neue Höhepunkte erreichenden Arbeitslosigkeit. (Was die Arbeitslosigkeit betrifft, steht Deutschland aber in Europa nicht einzig da. Am 24. April meldete die Weltpresse, daß der Internationale Währungsfonds (IWF) erklärt hätte, die Arbeitslosigkeit bedrohe »die wirtschaftliche und politische Stabilität« in ganz Europa.)

Wohl einzig steht Deutschland jedoch in der Höhe der Zahl der Obdachlosen da. Vergleiche von Kriminalität und Rauschgiftsucht, die überall in Europa schlimm sind, sind auf Grund des Mangels an Statistiken nicht möglich.

Kein Wunder, daß mit der wachsenden Armut der unteren Hälfte der Bevölkerung der Konsum absinkt, denn das Großkapital wie auch das mittlere Kapital in der oberen Einkommenshälfte der Bevölkerung benutzen ihre steigenden Profite nicht, um entsprechend mehr Konsumgüter zu kaufen. Unter der Überschrift »Konsumklima wird schlechter« berichtet die Frankfurter Allgemeine Zeitung: »Die Verbraucher bleiben zurückhaltend. Wie die Konsumklimaforschung der GfK Nürnberg mitteilt, ist die Anschaffungsneigung für langlebige Gebrauchsgüter im März gegenüber dem Vormonat wieder deutlich gesunken ... Wenn sich die Situation auf dem Arbeitsmarkt nicht bessere und sich damit die Unsicherheit bei den Konsumenten bei mäßiger Entwicklung der Haushaltseinkommen verstärke, sei eine neuerliche Abnahme der Kaufneigung in den kommenden Monaten nicht auszuschließen.«

Entsprechend ist die Entwicklung des Einzelhandels kümmerlich. Nach der Statistik der Bundesbank (März-Heft der »Saisonbereinigten Wirtschaftszahlen«) lag der Einzelhandel im letzten Vierteljahr 1996 bei gestiegener Bevölkerungszahl (!) unter dem Niveau von 1995 und 1994. Und die Berliner Zeitung berichtet aus neuerer Zeit unter der Überschrift »Einzelhandel verzeichnet drastische Umsatzeinbußen«: »Der Einzelhandel verzeichnete im Februar einen Umsatzeinbruch von sechs Prozent, gab das Statistische Bundesamt gestern bekannt. Die Talfahrt der Branche traf besonders den Fachhandel mit Nahrungsmitteln, Getränken und Tabakwaren. Diese Sparte verkaufte preisbereinigt zehn Prozent weniger als ein Jahr zuvor.«

Und über das »Geschäftsklima« heißt es an gleicher Stelle: »Der Geschäftsklima-Index des ifo-Instituts Westdeutschland fiel im März deutlich auf 92,4 Punkte, wie das Münchener Institut gestern mitteilte. Im Februar hatte der Frühindikator noch einen Wert von 93,6 ausgewiesen. In der gewerblichen Wirtschaft Westdeutschlands verschlechterte sich nicht nur das Geschäftsklima, sondern auch die Geschäftsbeurteilung durch die Unternehmen. Sie sank im März auf 82,8 nach 84,4 im Februar. Auch die Erwartung über die zukünftige Entwicklung verschlechterte sich deutlich.«

Die Armut in Deutschlands unterer Bevölkerungshälfte wächst ständig - wie auch der Reichtum in der oberen. Wie formulierte doch ein linker bürgerlicher amerikanischer Gesellschaftswissenschaftler so drastisch klar: Die Dritte Welt dringt mehr und mehr in die Großstädte der Ersten Welt ein - mit ihrem riesigen Reichtum oben und der furchtbaren Armut unten. Und das gilt insbesondere auch für Deutschland.

Zweifel an der Arbeiterklasse

Thomas Kuczynski bemerkt in einem wahrlich interessanten Artikel zur gegenwärtigen Lage der kapitalistischen Gesellschaft im *SoZ-Magazin* Nr. 26 folgendes: »Historische Analyse hat mich zu der Frage geführt: Wieso Umgestaltung *oder* Untergang? Es war doch immer ein *Und*? Ob wir die Kämpfe zwischen Sklaven und Sklavenhaltern oder die zwischen Leibeigenen und Feudalherren betrachten, stets gingen bei der revolutionären Umgestaltung der Gesellschaft die einander zuvor bekämpfenden Klassen als Klassen gemeinsam unter – weder Sklaven noch Sklavenhalter haben den Feudalismus erlebt, weder Leibeigene noch Feudalherren den Kapitalismus, stets waren es sogenannte Nebenklassen der früheren, die zu Hauptklassen der neuen Gesellschaft avancierten. Warum sollte es Proletariat und Bourgeoisie anders ergehen? Sie sind die Hauptklassen dieser Gesellschaft und werden wohl gemeinsam mit ihr untergehen.

Dieser mögliche gemeinsame Untergang, das ist der soziale Ausgangspunkt, von dem aus meines Erachtens die Perspektive der Linken in Deutschland und Europa zu diskutieren ist.«

Ich meine, der Autor vergißt einen grundlegenden Unterschied der Arbeiterklasse zu den vorangehenden unterdrückten Klassen. Die Sklaven waren völliges Eigentum, die Hörigen und Leibeigenen teilweises Eigentum ihrer Herren. Die Arbeiter aber sind frei, wie die Bürger in der Sklavenhalter- und feudalen Gesellschaft. Frei, sich von einem Arbeitsplatz auf den anderen, von einer Stadt in die andere, ja von einem Land in ein anderes zu begeben. Und mehr: sie sind frei, sich in Gewerkschaften und politischen Parteien zu organisieren.

Darum gibt es nicht die Parallele notwendigen Untergangs beider sich bekämpfenden Klassen.

Und doch!

In meinem Buch »Vom Zickzack der Geschichte« bemerkte ich (S. 114f.): »Kann man die gegenwärtige technische Revolution eine industrielle Revolution nennen, so wie man es richtig mit der um die Wende vom 18. zum 19. Jahrhundert getan hat? Jene war eine echte industrielle Revolution, sie erfaßte die Industrieproduktion und schaffte dadurch im Laufe der Zeit eine gesellschaftliche Revolution, nicht zum wenigsten auch durch die langsame Geburt der Arbeiterklasse. Der Computer aber, um es allgemein und einfach auszudrücken, findet in der ganzen Gesellschaft, in der Industrie wie im Dienstleistungsgewerbe, am Schreibtisch des Dichters wie des Schulkindes wie auch in der Medizin oder in einem astronomischen Turm Anwendung. Eine solche Ausbreitung modernster Technik hat es in der ganzen Geschichte der Menschheit noch nicht gegeben. Der Computer bringt nicht eine industrielle, sondern sofort eine Lebensrevolution und löst, unter anderem, die Arbeiterklasse, die die Werkzeugmaschine geboren hatte, wieder auf.

Wieso das? Nun, wer nicht mehr an Maschinen arbeitet, sondern mit dem Computer, ist kein Arbeiter mehr, sondern ein Angestellter, der im Gegensatz zum Arbeiter seinen geregelten 8-Stundentag im sauberen Anzug und mit voller Beherrschung von Hochdeutsch verbringt. Diese Wandlung nehmen auch die Gewerkschaften voll wahr, und manche schließen bereits nicht mehr getrennte Lohn- und Gehaltsabkommen, sondern einheitliche ›Entgeltabkommen‹ ab, ebenso nicht mehr getrennte Wochen- und Sechswochen- oder Vierteljahreskündigungstermine, sondern einheitliche für einen Monat. Und weiter: Bald wird es soweit sein, daß es statt der Milionen Heimarbeiter von vor 200 Jahren und 150 Jahren in Europa Millionen und Abermillionen Heimangestellte geben wird, die zu Hause mit dem Computer die Fabriken in Gang halten. Wozu noch Büros haben, wenn man die Kosten der Miete den Angestellten, die zu Hause die Computer bedienen, überlassen kann?«

Die Arbeiterklasse in Auflösung begriffen – Auflösung in jeder Beziehung ihrer gesellschaftlichen Position, außer daß sie abhängig vom Kapital, wie andere Klassen und Schichten der kapitalistischen Gesellschaft, bleibt. Aber sie ist weniger und weniger als selbständige, von anderen Klassen und Schichten klar zu unterscheidende, eindeutig zu identifizierende Klasse zu charakterisieren.

Vielleicht ist das auch ein Grund, warum es keine Arbeiterparteien mehr gibt. In den beiden linken Parteien, der DKP und der PDS, bilden die Arbeiter eine kleine Minderheit unter den Mitgliedern. Sie bilden einen weit höheren Prozentsatz in der SPD und CDU, wobei wir die SPD nicht mehr als linke Partei definieren können, die in erster Linie die Interessen der Arbeiter vertritt.

Es fragt sich also: Wer soll den völligen Verfall des Kapitalismus in die Barbarei aufhalten? Wer soll den Lauf der Geschichte ändern und ihn auf eine sozialistische Gesellschaft richten?

Ich glaube an den letztlich richtigen Instinkt von Arbeitern, Angestellten und Intelligenz. Es wird das ausgebeutete Volk, das zu stets wachsender Arbeitslosigkeit, ob Arbeiter oder Angestellter, verdammt ist, im Bündnis mit der linken und humanitären Intelligenz, sein, das die Wendung bringen, das uns vor dem Verfall in völlige Barbarei retten wird. Es wird das Volk sein, das eine sozialistische Gesellschaft aufbauen wird, eine Gesellschaft ohne Ausbeutung und in wunderbarer materieller und geistiger Blüte.

DER DIALOG

Der »Dialog mit meinem Urenkel«:
Hier erstmals in der vollständigen Fassung –
ungekürzt und unzensiert!

JÜRGEN KUCZYNSKI:
DIALOG MIT MEINEM URENKEL
Erstausgabe der unzensierten und
ungekürzten Originalfassung

320 Seiten, Broschur.
ISBN 3-89602-125-7
24,80 DM / 180,– öS / 24,– sFr

Kaum ein Buch hat in den 80er Jahren die breite Öffentlichkeit in der DDR mehr bewegt als Jürgen Kuczynskis »Dialog mit meinem Urenkel«. Der »Dialog«, fertiggestellt 1977, konnte jedoch erst 1983 in einer von Kurt Hager, Mitglied des Politbüros der SED und Partei-Verantwortlicher für Ideologie, zensierten Fassung erscheinen. Auch alle Nachauflagen des Buches hielten sich an diese Eingriffe.

Hier liegt nun zum ersten Mal die vollständige Urfassung des Manuskriptes vor, ungekürzt und unzensiert. Die Besonderheit dieser Erstausgabe: Die Stellen, an denen Kurt Hager mit Strichen und Änderungswünschen in das Manuskript von Jürgen Kuczynski eingriff, sind gekennzeichnet und laden so zum vergleichenden Lesen zwischen der originalen und der zensierten Fassung ein.

DER ZWEITE BAND

Der »Fortgesetzte Dialog mit meinem Urenkel«: Jürgen Kuczynski antwortet auf neue Fragen in einer neuen Zeit.

JÜRGEN KUCZYNSKI: FORTGESETZTER DIALOG MIT MEINEM URENKEL

Fünfzig Fragen an einen unverbesserlichen Urgroßvater

256 Seiten, Broschur.
ISBN 3-89602-064-1
24,80 DM / 180,– öS / 24,– sFr

Die Zeiten haben sich seit dem ersten »Dialog mit meinem Urenkel« gewandelt. Die Urenkel haben jetzt andere Probleme, sie stellen neue Fragen. Und sie stellen alte Fragen in neuer Schärfe: nach der eigenen Verantwortung, dem Wissen um Zusammenhänge, der Vergangenheit. Mit der Lebenserfahrung von mehr als neun Jahrzehnten antwortet Jürgen Kuczynski – wie immer streitbar und voller Scharfsinn.

DER DRITTE BAND

**»Freunde und gute Bekannte«:
Jürgen Kuczynski blickt zurück
auf sein Jahrhundert.**

**JÜRGEN KUCZYNSKI:
FREUNDE UND GUTE BEKANNTE
Herausgegeben von
Thomas Grimm**

256 Seiten, Broschur.
ISBN 3-89602-134-6
24,80 DM / 180,– öS / 24,– sFr

Jürgen Kuczynski hat die Berühmtheiten dieses Jahrhunderts gesehen und gesprochen, mit vielen war er bekannt, mit etlichen befreundet. Schriftsteller, Gelehrte, Politiker gehörten zu seinem Bekanntenkreis, darunter Namen, die aus einer längst vergangen Zeit zu stammen scheinen.

So ist Jürgen Kuczynski bisweilen der einzige, der noch aus eigener Anschauung von ihnen erzählen kann. Dem Journalisten Thomas Grimm hat er von seinen Begegnungen erzählt – mit Lenin und der Krupskaja, mit Einstein und Kautsky, auch mit Pieck und Ulbricht und vielen, vielen anderen.

Entstanden ist ein ganz persönlicher Rückblick auf dieses Jahrhundert.

FRECHE SPRÜCHE

»Man muß wirklich nicht auf seiner Linie liegen, um Gregory Gysis Schlagfertigkeit amüsant zu finden.«
TV Today

GREGOR GYSI:
FRECHE SPRÜCHE
256 Seiten, mit vielen Abbildungen
ISBN 3-89602-041-2
24,80 DM / 180 öS / 25,80 sFr

»Der Band, der Humor, Selbstironie und auch witzelnde Eitelkeit des Ostpolitikers dokumentiert, stößt auch bei westdeutschen Lesern auf Interesse.« *Der Spiegel*

»Daß Gysi in puncto Eloquenz, Intelligenz und Schlagfertigkeit das Format eines Volkstribuns erfüllt, wird in diesem Querschnitt durch Bonmots, Briefe und Diskussionsbeiträge mehr als deutlich.« *Neue Westfälische*

»Gysis glänzende Paraden auf verbale Attacken schicken den Leser auf eine Entdeckungsreise in das Land der sprachlichen Meisterschaft. Die ›Frechen Sprüche‹ sind eine interessante Lektüre und das Porträt eines Medienstars, der dieses Attribut wirklich verdient.« *Freie Presse Chemnitz*

»Das Buch macht Spaß. Und den soll Politik ja auch ab und an bringen.« *Neues Deutschland*

»Denkanstöße kommen in der Regel aus der Provokation. In diesem Sinne kann ich gerade Leuten, die der PDS fernstehen, das Buch empfehlen.« *Saarländischer Rundfunk*